이모, 공룡 이름 지어 주세요

글 노정임

논픽션 어린이책을 기획하고 편집하는 일을 하고 있습니다. 그동안 기획하고 글을 써서 펴낸 책으로 《꽃이랑 소리로 배우는 훈민정음 ㄱㄴㄷ》, 《동물이랑 소리로 배우는 훈민정음 아야어여》, 《애벌레가 들려주는 나비 이야기》, 《우리가 꼭 지켜야 할 벼》, 《동물원이 좋아?》, 《꽃을 좋아하는 공룡이 있었을까?》, 《과학 시간에 담긴 김치》, 《파브르에게 배우는 식물 이야기》, 《동물이랑 식물이 같다고요?!》, 《식물은 떡잎부터 다르다고요?!》, 《아빠, 받아쓰기가 왜 어렵지?》 등이 있습니다.

그림 정희정

이번 책에 등장하는 너굴 이모입니다. 귀여운 첫 조카를 꼭 닮은 주인공 산이는, 곧 태어날 아기 둥둥이(태명)와 함께 그렸습니다. 수업 시간 내내 교과서 귀퉁이에 만화를 그리던 학생이었고, 지금은 너굴양이라는 필명으로 만화와 그림 작업을 하고 있습니다. 그린 책으로는 《바당이 웃엄덴》, 《에센스 영어 독서 지도법》 등이 있습니다.
* 브런치 https://brunch.co.kr/@nergul01

감수 최경봉

고려대학교에서 국어학을 공부했고, 원광대학교에서 국어학을 가르치고 있습니다. 지은 책으로 《우리말의 수수께끼》(공저), 《한국어가 사라진다면》(공저), 《한글에 대해 알아야 할 모든 것》(공저), 《우리말의 탄생》, 《한글 민주주의》, 《의미 따라 갈래지은 우리말 관용어 사전》, 《어휘 의미론》, 《교양 있는 10대를 위한 우리말 문법 이야기》, 《근대 국어학의 논리와 계보》, 《국어 선생님을 위한 문법 교육론》(공저), 《우리말 강화》 등이 있습니다.

이모, 공룡 이름 지어 주세요 단어 쪼개기와 짜임

초판 1쇄 발행 | 2019년 10월 9일
초판 2쇄 발행 | 2021년 7월 1일

글쓴이 | 노정임
그린이 | 정희정
감수자 | 최경봉

펴낸이 | 조미현
책임편집 | 황정원
디자인 | 토가 김선태

펴낸곳 | (주)현암사
등록 | 1951년 12월 24일 · 제10-126호
주소 | 04029 서울시 마포구 동교로12안길 35
전화 | 365-5051 · 팩스 | 313-2729
전자우편 | child@hyeonamsa.com
홈페이지 | www.hyeonamsa.com
페이스북 | www.facebook.com/hyeonami
블로그 | blog.naver.com/hyeonamsa
트위터 | twitter.com/hyeonami

ISBN 978-89-323-9358-2 73710

* 이 도서의 국립중앙도서관 출판예정도서목록(CIP)은
  서지정보유통지원시스템 홈페이지(http://seoji.nl.go.kr)와
  국가자료공동목록시스템(http://www.nl.go.kr/kolisnet)에서
  이용하실 수 있습니다.(CIP제어번호: CIP2019036471)
* 이 책은 저작권법에 따라 보호를 받는 저작물이므로
  저작권자와 출판사의 허락 없이 이 책의 내용을 복제하거나 다른 용도로 쓸 수 없습니다.
* 책값은 뒤표지에 있습니다. 잘못된 책은 바꾸어 드립니다.
* 현암주니어는 (주)현암사의 아동 브랜드입니다.

제품명 도서	전화 02-365-5051
제조년월 2021년 7월	제조국명 대한민국
제조자명 (주)현암사	사용연령 8세 이상
주소 서울시 마포구 동교로12안길 35	

주의: 책 모서리에 부딪히거나 종이에 베이지 않도록 주의해 주세요.
· KC 마크는 이 제품이 공통안전기준에 적합하였음을 의미합니다.

비교하며 배우는 단어 만들기의 기초

이모, 공룡 이름 지어 주세요

♥ 단어 쪼개기와 짜임 ♥

노정임 글 | 정희정 그림 | 최경봉 감수

현암 주니어

산이가 학교에서 돌아왔어요.
이모는 날마다 집에서 그림을 그려요.
산이가 오면 이모는 활짝 웃으며 안아 줍니다.

산이는 학교에서 있었던 일을
이모에게 빨리 이야기하고 싶어서 날마다 뛰어와요.
오늘은 만들기를 했어요.

산이는 이모랑 이야기 나누는 오후 시간이 참 좋아요.
이모는 산이랑 노는 오후 시간을 참 좋아해요.
오늘은 어떤 놀이를 하고 놀까요?

산아, 이 공룡, 이름이 뭐야?

그냥 공룡인데?

새로운 동물이 집에 온 거냥.

멋진 이름 붙여 주자.

그럼…, 로봇공룡!

내가 좋아하는 로봇이랑 연우가 좋아하는 공룡!

어때, 이모? 멋지지, 로봇공룡.

뭐? 그런 게 어딨어? 새롭긴 하다만.

여기 있지.

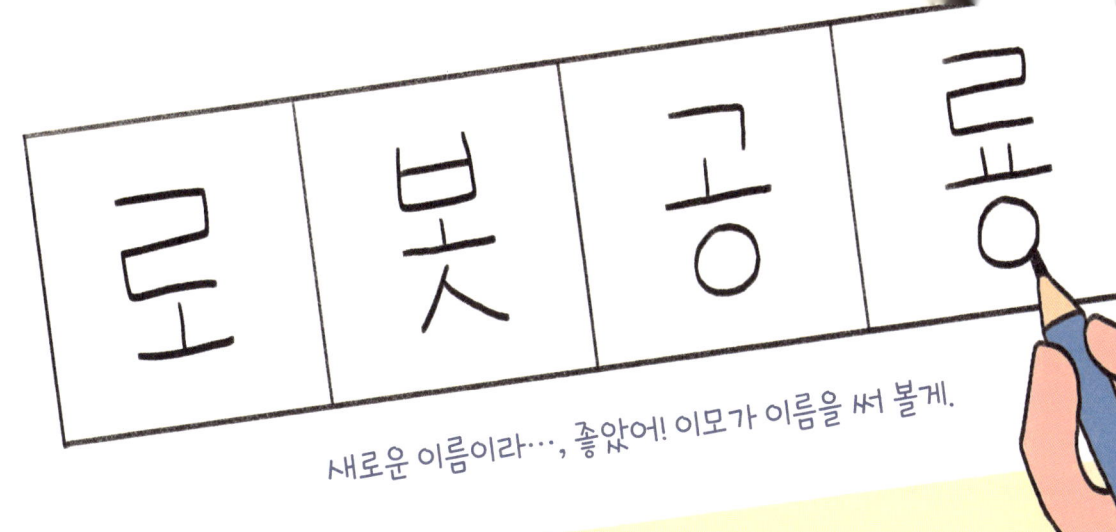

새로운 이름이라…, 좋았어! 이모가 이름을 써 볼게.

그림에 이름을 써 주니까 더 멋지네.

나도 써 볼래!

뭐?
글씨를 써 보겠다고?

스스로 써 본다고 한 거 처음이야~.

이모가 연필 깎아 줄게!

연우한테 써 줘야지. 흐흐.

사랑의 힘이냥.

이모는 공부하지 말고 신나게 놀라고 말해요.
그런데 종종 공부거리를 던져 주어요.
이건 공부가 아니라고 하면서요.

산아,
우리 이 공룡한테
더 어울리는 이름을
하나 지어 줄까?

이름을 짓는 방법이 있어?

 이런 나비가 있어.
이름이 뭘까?

 몰라.

 작은멋쟁이나비야.

 작은? 멋쟁이?
귀여운 이름이다.

음,
이모랑닮은다크서클원숭이.

 이 원숭이도 이름이 있어?

 그럼! 뭘까?

뭐라고? 첫.
이 원숭이는 여우원숭이야.
그런데 꼬리가 호랑이 무늬 같아서,
호랑이꼬리여우원숭이라고 부르지.

아, 그렇구나!
원래 이름도 들어가고,
특징도 들어가고.

그렇지.
생김새나 색깔,
무늬 같은 특징을
이름에 담는 거지.

뭐가 좋을까?
귀여운 로봇공룡?
새로운 로봇공룡?

하하,
그건 이름을 꾸며 주는 거고.
호랑이꼬리여우원숭이처럼
한 단어로 지어 보자.

냐—앙

나도 이름 지어 줘.

오오!
멋쟁이나비보다
더 멋진 냥이님이다!

11

간식 시간이에요.
이모랑 산이는 날마다 함께 간식을 준비해서 먹어요.
같이 만들면 똑같은 음식도 신기하게 더 맛있어요.

이모는 간식을 먹을 때 "맛있게 먹기만 해." 하면서도
종종 생각거리를 던져 주어요.
그러고는 놀이라고 말해요. 오늘은 말놀이래요.

이모랑 산이는 끝말잇기 놀이를 자주 했어요.
오늘은 말 쪼개기 놀이를 하며 놀아요.
아무래도 공부하는 것 같지만, 산이는 괜찮아요.
재미있으니까요.

냐 — 앙

파랑색 좋아.

멋을 모르는 사람들. 색을 넣으면 더 멋진 이름이 될 텐데.

파랑 / 점박이 / 로봇 / 공룡

너굴 이모는 글자 공부만 생각해.

산이는 연우만 생각해.

내 이름이 뭐가 될까? 기대된다.

간식을 먹고 운동하러 나왔어요.
이모는 산책할 때마다 "건강하게만 자라다오." 하고 말해요.
그러면서 또 공부거리를 던져 주지요.

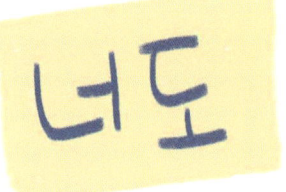 

 밤나무를 닮은 나무라서 붙인 이름이지.
공원에 사는 식물 이름도 쪼개 볼까?

 내가 할래! 내가 먼저!
개 나리
이모는 저 나무를 쪼개시오.

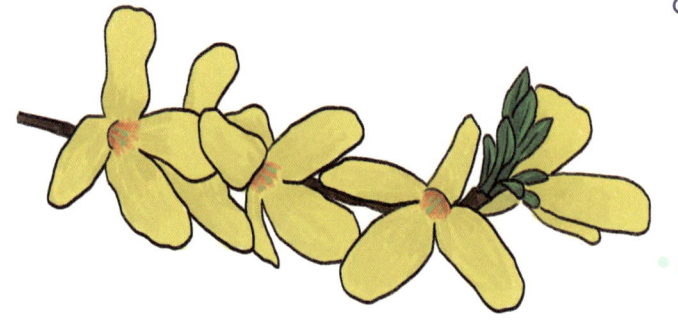

나리와 비슷한 꽃이라는 뜻이야.

도토리가 열리는 참나무구나.

참 나무

산아, 너는 저 풀이름을 쪼개 보려무나!

참 ✧ 미인

야생으로 자라는 미나리라는 뜻이야.

좋아! 식은 죽 먹기지.

하!

돌 미나리

언제나 우아한 냥이님.

공원에서 산책하며 너무 시끄럽다냥.

하하하. 이름을 지을 때 뜻을 담아 만들었어.

캬캬캬. 이모, 세상의 모든 이름이 보여.

떨어져서 가야지.

오늘 말놀이는 좀 어려웠지만,
산이는 연우에게 줄 선물에 이름 붙일 생각을 하니까
어려운 말도 이해가 잘되었어요.

산이는 연우에게 줄 선물에 이름을 붙였어요.

이름을 붙이고 나니 선물이 더 근사해 보여요.

새 점박이 로봇 공룡

이게 좋겠어, 이모!

연우만 생각하는 산이.

냐 ― 앙

설마, '새신랑'을 떠올린 건 아니지?

파랑을 넣자고.

새 파랑 점박이 로봇 공룡

색을 좋아하는 멋진 냥이님.

파랑 물고기를 선물할까?

산이는 이모가 깎아 준 연필로 새로운 이름을
꼭꼭 눌러서 썼어요.
한 글자 한 글자 정성스럽게 썼어요.

산아, 뭐 해?

설마 공부하는 거니?

으응?
산이가 스스로
책상에 앉았어!

그림 그렸어.

짠!

그리고 글씨도 썼지.
내가 만든 공룡에
이름을 써서 줄 거야.

새점박이로봇공룡

냐 - 앙

쳇.

'파랑'을
또 안 넣었네.
내 말이
안 들리는 거냥?

이모는 산이의 행복한 얼굴을 보고
마음이 사르르 녹았어요. 그리고 말했어요.
"산아, 네 첫사랑을 응원할게!"

산이는 궁금했어요.
"이모, 첫사랑이 뭐야? 나는 그냥 연우가 좋아."
연우는 산이의 선물을 좋아할까요?

이 책을 함께 읽는 어른들께

말을 배우는 가장 적극적인 방법, '단어 만들기(조어)'

● 즐거운 말놀이로 시작하는
　'단어 쪼개기와 짜임'

초등학교 3학년이 되면, '국어'나 '과학'이라는 과목을 배우기 시작합니다. 국어 과목에서 문법으로 처음 배우는 건, 그동안 써 왔던 말을 쪼개 보면서 단어가 어떻게 짜여 있는지 살펴보는 것입니다. 문법에서 쓰는 용어로 말하면, '합성어', '파생어' 같은 '복합어'를 배우는 거지요.

우리말 문법을 배우자고 하면 억울해 하는 학생들이 꽤 많습니다. 어른들도 마찬가지입니다. 영어나 다른 외국어를 배울 때는 문법을 배우고 문장을 분석하는 것을 당연하게 받아들이면서, 우리말 문법과 문장의 짜임을 분석하자고 하면 어렵다며 시작도 하기 전에 손사래를 칩니다.

한글이 너무 쉽다고만 강조되었기 때문일까요? 다른 공부의 부담이 크기 때문이기도 하겠지요. 해야 할

공부의 양이, 새로 배워야 할 단어들이 너무나 많은데, 우리말의 문법까지 배워야 하나 싶은 마음이 드나 봅니다.

새롭게 세상을 배워 가는 어린이는 수많은 단어를 만나게 됩니다. 현재 쓰이는 말뿐만 아니라, 새롭게 만들어지는 단어도 많습니다. 영어의 경우, 날마다 새 단어가 15개씩이나 생긴다고 합니다.

말 배우기는 아기 때에 끝나는 공부가 아닙니다. 문장 속의 규칙, 즉 문법을 조금만 알면 언어 공부가 쉬워집니다. 어린이들이 우리말 문법을 만날 즈음, 즐겁게 말놀이를 하듯 단어를 만들며 놀 수 있도록 이 책을 만들게 되었습니다.

● 아이들의 '머릿속 사전'은 어떤 모습일까요?

최근 언어학자들의 연구에 따르면, 아기들은 언어를 배우는 능력을 타고난다고 합니다. 하지만 그대로 둔다면 그 능력은 밖으로 나타나지 않습니다. 엄마나 어른들은 교육 방법을 배운 적이 없어도, 아기를 만나자마자 눈을 맞추고 대화를 시작합니다. '까꿍' 하며 몸짓 언어를 주거니 받거니, '예쁘다' 하며 감정을 주거니 받거니 하는 것이 바로 언어 교육의 시작입니다.

아기는 우렁차게 울면서, 또는 옹알이를 하면서 소리 내고 말하기를 연습합니다. 만나는 사람들의 목소리를 따라 하고, 주변에서 들려오는 소리들에 반응하기 시작합니다. 그러다 첫돌 무렵, '엄마, 맘마' 등 첫 말을 뗍니다. 15개월이 되면 폭발이라고 표현할 정도로 많은 말을 하게 되고요. 그러다 24개월, 겨우 두 돌이 된 아이들은 어른과의 대화가 어렵지 않을 정도로 언어가 성장합니다. 이 시기에 말을 주고받을 깊이 있고 일관적인 관계의 사람이 없다면, 언어 능력을 타고났다 하더라도 말을 아예 못 하게 되는 경우도 있습니다.

이 책을 읽게 될 8~10세 어린이들은 날마다 12개 단어를 자연스럽게 배운다고 합니다. 사춘기 때까지 놀라운 말의 성장은 계속됩니다. 이렇게 아이들의 말이 폭발적으로 성장할 때 반드시 필요한 것이 무엇일까요? 바로 '들어 주는 사람'입니다.

어린이들은 새롭게 듣는 말을 자신만의 머릿속 사전에 넣어 둡니다. 분명한 체계 속에서 말들을 비교하고 대조하며 차곡차곡 정리합니다. 복잡한 문장을 표현하지 못할 때에도 긴 문장을 듣고 이해합니다. 들어 주는 사람과 대화를 나누며 단어의 뜻뿐만 아니라, 억양이나 운율(말투)도 배웁니다. 우리 아이들의 머릿속 사전은 체계적이고 논리적이며 풍부합니다. 그리고 지금 이 순간에도 수정되고 업데이트되고 있지요.

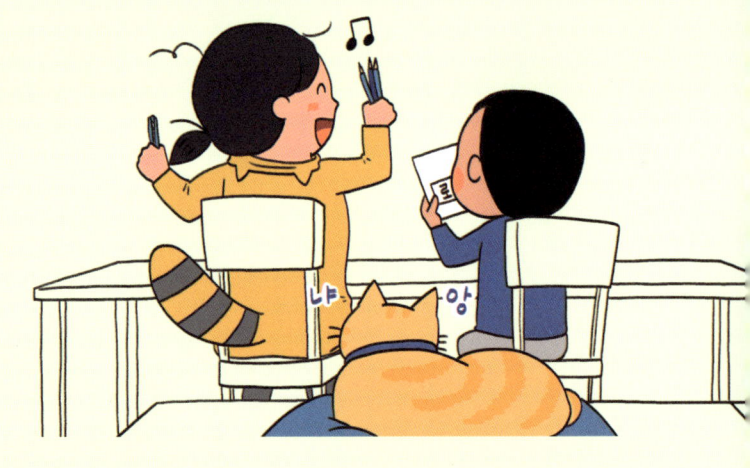

● **어린이들의 '머릿속 사전'을 꺼내어 보는 것이 문법 공부**

학교에 들어가 배우는 우리말 문법은 어쩌면 모르던 것을 새로 배우는 게 아닙니다. 현재 내가 쓰고 있는 문장이나 단어에 어떤 규칙이 있는지 되돌아보는 것입니다. 그렇게 규칙을 발견하고 나면 새로운 언어의 폭발적 시기를 맞이할 수 있을 것입니다.

공부의 시작은 용어를 배우는 것이라고 합니다. 단어를 분명히 아는 것에서 기초가 탄탄한 공부가 시작됩니다. 이 책에서는 단어를 쪼개서 단어의 원래 뜻을 명확히 알아보는 것에서 그치지 않고, 새로운 사물에게 어울리는 이름 짓기를 하며 단어가 만들어지는 원리를 터득하게 됩니다. 우리 어린이들은 새로운 말을 배우기만 하지 않고, 새로 만들어 내는 일에도 능합니다. 또래끼리 쓰는 은어, 온라인 공간에서 쓰는 말들을 보면 놀라운 말의 창작자들입니다.

인터넷 용어나 은어, 새로 생긴 말들은 얼마나 될까요? 얼마나 오래 쓰일까요? 어떤 말이 널리 쓰이게 될까요? 말도 생물과 같아서 정확하게 알 수는 없지만, 널리 오래 쓰이는 말은 공통점이 있습니다. 누구나 이해할 수 있고 소통이 잘되는 말입니다. 새로운 단어를 만드는 조어 원리를 깨친다면 어린이들은 자신의 머릿속 사전을 더욱 풍성하게 만들어 갈 것입니다.

단일어 원숭이　 고양이　 꽃

　최근 쓰이고 있는 '인공 지능', '댓글' 등도 원래 있던 말(단일어)들을 결합하면서 새로 생겨난 단어입니다. '첫사랑'의 '첫', 산이가 만든 인형의 이름 앞에 붙인 '새' 등을 붙여서 만드는 방법도 있습니다. 단어를 만드는 방법 중 합성어입니다.

　또, '민-, 헛-, 풋-'과 같은 접사를 붙여서 단어를 만들기도 합니다. 단어를 만드는 방법 중 파생어입니다.

복합어 　- 합성어: 단어+단어　 김밥　 첫사랑

　　　　　- 파생어: 접사*+단어　 헛걸음　 풋사과

＊ **접사** 혼자 쓰이지 않고 다른 단어나 어근에 붙어 새로운 단어를 구성하는 부분. 앞에 붙는 접사는 접두사, 뒤에 붙는 접사는 접미사라고 합니다. 이 책에서는 접두사(민-, 풋-, 헛-, 날-, 돌-)만을 다루었고, 접미사를 붙여서 만들어진 단어에는 (나무)-꾼, (선생)-님, (지우)-개, (가위)-질 등이 있습니다. 복합어는 한 단어이므로 붙여 씁니다.

● **어린이에게 말의 즐거움을 전해 주세요**

위와 같이 말과 문장을 분석해서 보는 것이 조금 어려워 보일 수도 있습니다. 시험 문제를 풀기 위한 문법에 갇힌다면, 문법 공부는 더욱 지루할 것입니다. 그러다가 국문법 공부에 화를 내는 어른으로 자라게 될지도 모릅니다.

　문법은 사람들이 서로 같은 규칙을 쓰겠다는 약속이며, 문법에 맞게 말을 하고 글을 쓰는 것은 다른 사람들과 소통을 잘하려는 노력입니다. 어른들은 어떻게 어린이들의 문법 공부를 도와줄 수 있을까요? 아기 때처럼 아이가 하는 말에 귀를 쫑긋 세우고 기

쁘게 들어 주는 것입니다. 실제로 교육학자들이 연구한 결과, 효과가 가장 좋은 공부 방법은 강의 듣기보다, 책 읽기보다, 체험보다 '서로 설명하기'라고 합니다. 얼굴을 보며 교감하고, 서로 상대방이 이해할 수 있도록 말할 때에 90퍼센트 가까이 효과가 있다고 알려져 있습니다.

그리고 또 한 가지, 이 책을 함께 읽는 어른들께 부탁드리고 싶습니다. "문법은 어려워."라는 말을 할 수는 있지만, 그 말에 싫은 느낌을 얹은 말투는 조심해 주시길 바랍니다. 말은 단어의 의미만 배우는 것이 아닙니다. 뉘앙스, 기분도 교류하게 됩니다. 아이들이 즐겁게 자신의 언어 세계를 만들고, 자신 있게 말할 수 있도록 아이와 즐거웠던 추억을 떠올리며 함께 이야기 나눠 주세요. 자신의 언어가 있는 우리 아이들이 만들 미래가 참으로 기대되지 않나요?

편집자 이모가 알려 주는 띄어쓰기

띄어쓰기는 매우 어려운 부분이에요. 이 책에서 나온 이름(복합어)들은 붙여서 쓰면 되지요.

　　방울토마토　꽃잎　손수건　너도밤나무

　　　　풋사과　헛걸음　민얼굴

같은 단어라도 문장 안에서 띄어쓰기가 달라질 수 있어요. 새롭다는 뜻인 관형사 '새'를 볼까요?

- **새 옷, 새 학기, 새 친구** 새롭다는 뜻의 '새'는 관형사(품사로 구분했을 경우)로 명사와 만나서 구를 이룹니다. 본래 띄어서 쓰지요.
- **새점박이로봇공룡** 이름의 경우 붙여서 쓸 수 있어요.
- **새신랑, 새해, 새싹** 붙여서 써요. 하나의 뜻을 표현하는 말로 굳어져서 많은 사람들이 쓰게 되어 붙여서 쓰게 된 거예요.

띄어쓰기는 어려운데 왜 할까요? 문장을 모두 붙여서 썼다고 상상해 보세요. 뜻을 분명하게 파악하기가 어렵겠지요.

　　이모공룡이름지어주세요.
　　　　　↓
　　이모, 공룡 이름 지어 주세요.

띄어쓰기 잘하는 좋은 방법이 없냐고요? 책과 좋은 문장을 많이 읽다 보면, 띄어쓰기는 자연스럽게 익숙해져요. 더 잘 알고 싶다면, 품사나 복합어 등 우리말 문법의 기초를 공부하면 되지요. 더 정확하게 표현하고 싶다면 '국어사전'을 보면 되어요. 편집자 이모도 이 책의 단어들을 사전을 계속 찾아보면서 만들었어요.
편집자 이모, 삼촌들이 뜻이 잘 전달되고 읽기 쉽도록 띄어쓰기를 해 놓을게요. 여러분은 재미있게 읽어 주세요! 재미있게 읽다 보면 띄어쓰기와 맞춤법이 여러분 머릿속 사전에 차곡차곡 쌓이게 될 거예요.

인간의 문명은 언어와 사랑에 의해
유지되었다고 하지. 냐앙~

서로 말을 주고받고 있다면
이미 문법을 따라 말을 하고 있는 것입니다.

새로운 단어 만들기 재미있어요!

내 이름이 생겨서 좋아요!